AF586363

LE TEMPLE DE JANUS FERMÉ

BALLET MESLÉ DE CHANT

POUR SERVIR D'INTERMEDES

A LA TRAGEDIE DE PHARAON

QUI SERA REPRESENTÉE SUR LE THEATRE DU COLLEGE ROYAL DE LA FLECHE,

Le 6. Fevrier 1698. à une heure après midy.

A LA FLECHE,
De l'Imprimerie de la Veuve GEORGE GRIVEAU, Imprimeur du Roy, & du College Royal.

M. DC. XCVIII.

Pour le R. P. Baillet
de la part de son tres humble
Serviteur
J. Du Halde J.

SUJET.

LE sujet de la Piéce est pris de la coutume qui s'observoit parmy les Romains, d'ouvrir le Temple de Janus en temps de Guerre, & de le fermer durant la Paix.

ACTEURS.

JANVS ET SA SUITTE.
TROUPE DE BERGERS.
TROUPE DE CAPTIFS.
L'EUROPE ET LES NATIONS.
CHOEUR DES PEUPLES.
MERCURE.
MORPHE'E, PHANTASE, LES SONGES.
NEPTUNE.
EOLE.
CHOEUR DE TRITONS.
AQUILONS ET ZEPHIRS.
APOLLON ET LES MUSES.
MARS.
TROUPE DE GUERRIERS.
LA DISCORDE.
CHOEUR DE FURIES.
L'HYMEN ET LES AMOURS.
TROUPE DE PLAISIRS.
LA PAIX ET SA SUITTE.

LE TEMPLE DE JANUS

FERME',

BALLET.

PREMIERE PARTIE.

LE Temple de Janus paroît ouvert dans un enfoncement du Theatre ; les Peuples viennent implorer le ſecours de ce Dieu, le prier de terminer la Guerre, & d'enchaîner Mars & la Diſcorde.

PREMIERE ENTRE'E.

IANVS ET SA SVITTE.

JANUS.

ASSEZ depuis long-temps la diſcorde & la guerre
Ont briſé leurs liens & troublé l'Univers :
C'eſt à moy de remettre aux fers
Des monſtres juſqu'icy trop connus à la terre.

Venez, raſſemblez vous mortels,
Venez encenſer mes Autels.

Janus n'eſt pas en vain le Dieu de la prudence
Implorez ſon ſecours, & ſeurs de l'obtenir
D'un deſtin plus heureux concevez l'eſperance ;
Bien-tôt vous verrez revenir
En ces lieux fortunez la Paix & l'Abondance.

C'eſt à la Sageſſe à finir
Ce que l'aveugle erreur commence.

CHOEUR DE PEUPLES.

Janus le plus prudent des Dieux,
Tournez, tournez ſur nous de favorables yeux.

A DEUX.

Janus n'eſt pas en vain le Dieu de la prudence,
D'un deſtin plus heureux concevons l'eſperance.

JANUS.

Enchainons la diſcorde, enchainons la fureur.
D'un Héros toûjours vainqueur
Le courage & la puiſſance
Sçauront vous aſſurer un éternel bon-heur.

SECONDE ENTRE'E.

TROUPE DE BERGERS.

UN BERGER.

IL n'eſt plus ce temps aimable
Ou mon Troupeau ne craignoit que les Loups.

SECOND BERGER.

Il doit craindre à preſent les coups
D'un ennemi beaucoup plus redoutable.

DEUX BERGERS.

Il n'eſt plus ce temps aimable
Ou mon Troupeau ne craignoit que les Loups.

UN BERGER.

Un écho peu favorable
Chaque jour dans ces bois
Repete plus de mille fois
Le bruit affreux des trompettes ;
Hélas! je n'entends plus le doux ſon des muſettes
Qui me charmoit autrefois.

SECOND BERGER.

Ce n'eſt plus cette prairie,
Ce vallon, cette plaine autrefois ſi fleurie,

DEUX BERGERS.

Trop heureux ſi dans quelques mois
Tant de malheurs finiſſent ;
Et que les airs ne retentiſſent
Que des accords de nos hauts-bois.

UN BERGER.

Le moindre bruit me fait craindre,
Je n'oſe plus pouſſer ma trop timide voix,
Ou ſi je parle quelque fois

Ie ne parle que pour me plaindre.

CHOEUR DES BERGERS.

Trop heureux si dans quelques mois.
Tant de malheurs finissent,
Et que les airs ne retentissent,
Que des accords de nos hauts-bois.

Les Bergers dansent.

TROISIE'ME ENTRE'E.

TROUPE DE CAPTIFS DE MER ET DE TERRE.

DEUX CAPTIFS.

SORT impitoyable,
Où nous as-tu reduit !

UN CAPTIF.

Une vie aussi miserable
Me paroît plus insuportable
Que les horreurs d'une éternelle nuit.

DEUX CAPTIFS.

Sort impitoyable
Où nous as-tu reduit !

UN CAPTIF.

Brisons, brisons nos chaines,
Brisons nos fers :

Ciel! plongez nous dans les Enfers,
Ou finissez nos peines :

UN CAPTIF.

Revenez, revenez ma chere liberté,
C'est trop longtemps souffrir un honteux esclavage,
Cruel destin! qui nous engage
A ressentir la cruauté,
D'une affreuse captivité.

DEUX CAPTIFS.

Revenez, revenez ma chere liberté.

Ici les Captifs dansent.

QUATRIE'ME ENTRE'E.

L'EVROPE ACCOMPAGNE'E DES NATIONS.

L'EUROPE seule.

PEUPLES qui composez ma Cour
Suis-je encor un objet digne de vôtre amour?
Hélas! triste, desesperée,
Par mes propres enfans je me vois déchirée;
Florissante autrefois je reglois l'Univers.
Tremblante sous ma loy l'une & l'autre Amerique,
M'apportoit le tribut de cent Peuples divers :

L'Asie, & l'impuissante Affrique
Voioit ses Ottomans *languissans dans mes fers.*

Mais hèlas! quel desordre a ravagé mes charmes?
Mes enfans dans mon sein devenus ennemis
Contre eux, contre leur Mere, ont pû tourner leurs armes,
Eux seuls ils ont causé les maux dont je gemis.

Assez ils m'ont couté de larmes:
Par leur propre discorde ils sont assez punis.
Ne verray-je jamais succeder aux allarmes
Le plaisir plus touchant de les voir rëunis?

O toy, Janus, dont la prudence
Peut nous faire sentir les plus tendres faveurs,
Use envers nous de ta clemence
Et fais cesser tous nos malheurs.

CHOEUR DE PEUPLES.

O toy, Janus, dont la prudence
Peut nous faire sentir les plus tendres faveurs,
Use envers nous de ta clemence,
Et fais cesser tous nos malheurs.

LA FRANCE.

En vain Mars & Bellone
Ont pour moi mille attraits:
Si le prudent Janus l'ordonne
J'aime encore mieux la Paix,
Et sensible à vos maux, Peuples, je vous la donne.
En vain Mars & Bellonne
Ont pour moy mille attraits.

L'EUROPE.

L'EUROPE.

Vivez tranquilles,
Vivez en paix;
Tant de projets
Sont inutiles:
Vivez tranquilles,
Vivez en paix.

CHOEUR DE PEUPLES.

Vivons tranquilles,
Vivons en paix;
Tant de projets
Sont inutiles:
Vivons tranquilles,
Vivons en paix.

L'EUROPE ET LES NATIONS.

O toy, Janus, dont la prudence
Peut nous faire ſentir les plus tendres faveurs
Uſe envers nous de ta clemence
Et fais ceſſer tous nos malheurs.

Danſe des Peuples.

CINQUIE'ME ENTRE'E.

IANVS, CHOEVR DE PEVPLES.

JANUS.

TOUCHE' de vos malheurs je ne puis me défendre,
De répandre ſur vous mes plus tendres bontez:
Du plus prudent des Dieux vous devez tout attendre,
Mortels, vous étes écoutez.

La paix & les plaiſirs qui vous avoient quittez
Ne tarderont guere à ſe rendre
En ces lieux enchantez:
Ces pays ſi deſerts ſçauront bien-tôt reprendre
Leurs plus éclatantes. beautez.

Beniſſez à jamais l'heureuſe deſtinée
Qui doit calmer des maux aſſez longtemps ſoufferts,
Les murs de mes Temples ouverts
Sont preſts de renfermer la diſcorde enchaînée.

CHOEUR DE PEUPLES.

Beniſſons à jamais l'heureuſe deſtinée.
Qui doit calmer des maux aſſez longtemps ſoufferts.

SECONDE PARTIE.

LES Dieux qui s'interessent le plus au repos des hommes, viennent demander la Paix à Janus.

PREMIERE ENTRE'E.

MERCURE.

A IANVS.

FATIGVEZ des rigueurs d'une trop longue guerre
Les Dieux m'ont envoyé vers ton Temple fameux:
Tout grands qu'ils sont ils se croiront heureux
Si tu veux bien calmer les troubles de la terre.

D'un grand nombre de demi-Dieux
Les ombres encor gemissantes,
De leur illustre sang les Campagnes fumantes,
Ont porté leurs cris jusqu'aux Cieux.

Lassez des fureurs guerrieres
Les Peuples sont venus au pié de tes Autels,
Implorer ta clemence & t'offrir des Prieres:
Ecoute aussi les immortels.

SECONDE ENTRE'E.

MORPHE'E, PHANTASE, & LES SONGES.

PHANTASE.

D'UNE douce oyſiveté
Qui ſçût goûter les charmes,
Renonça pour jamais au tumulte des armes
Pour vivre en liberté.

MORPHE'E.

D'un ſommeil paiſible & tranquille
Goutez, goutez mortels les plaiſirs innocens;
Dans ces ſombres foreſts, dans ce charmant azile
De mes pavots aſſoupiſſans
Je viens verſer ſur vous la violence utile.
D'un ſommeil paiſible & tranquille
Goutez, goutez mortels les plaiſirs innocens.

MORPHE'E ET PHANTASE.

Goutons, goutons tous
Des plaiſirs ſi doux.

SUITE DE MORPHE'E.

Goutons, goutons tous
Des plaiſirs ſi doux.

MORPHE'E.

Diſparoiſſez ſombres inquietudes,
Seul je dois regner en ces lieux.
Et vous épaiſſes ſolitudes

Ne présentez plus rien d'effrayant à mes yeux.
Disparoissez sombres inquietudes.

SUITE DE MORPHE'E.

Goutons, goutons tous,
Des plaisirs si doux.

MORPHE'E.

C'est ici que je rassemble
Des plaisirs toûjours nouveaux.

Coulez, coulez petits ruisseaux,
Accordez toûjours ensemble
Le gazoüillement de vos eaux
Au doux chant des oiseaux.
Coulez, coulez petits ruisseaux.

Icy Morphée s'endort.

Les Songes dansent sur l'air suivant.

PHANTASE.

Un songe agreable
Rend un cœur content:
Si le bonheur est moins constant
Il n'en est pas moins aimable,
Le plaisir le plus éclatant
N'est pas toujours le plus durable.
Un songe agreable
Rend un cœur content.

On entend une symphonie de Trompettes.

MORPHE'E en s'éveillant.

O Ciel! quel bruit affreux a frapé mon oreille?
Qu'entends-je? Mars lui-même a troublé mon repos:
Et malgré mes puissans pavots
Quelque allarme toûjours en sursaut me réveille.

Janus, prudent Janus, rendez à nos souhaits
Le sommeil tranquille & la paix.

TROISIE'ME ENTRE'E.

Neptune, Eole, Chœur de Tritons, les Aquilons & les Zephirs.

Les Aquilons dansent.

NEPTUNE.

JE sors de ma grotte profonde.
Que vois-je? mon Empire en proye aux Aquillons?
L'air retentit au loin de la foudre qui gronde,
Et mon onde fremit de mille tourbillons.

La guerre en cruautez feconde
N'a-t-elle pas de sang assez rougi mes eaux?
Insolents .... mais songeons à calmer les tempestes;
Un demi-Dieu l'ordonne & malgré ses Conquestes
Il veut à l'Univers assurer le repos.

Calmez, calmez vous mon onde,
En faveur de LOUIS le plus grand des Héros;
Qu'il soit le maistre des flots
Comme il est le maistre du monde.

EOLE ET NEPTUNE.

Paroissez aimables Zephirs,
Venez de vos tendres soupirs
Caresser les plaines humides :
Des Tritons & des Nereïdes
Venez r'animer les plaisirs.

CHOEUR DE TRITONS.

Paroissez aimables Zephirs,
Venez de vos tendres soupirs
Caresser les plaines humides :
Des Tritons & des Nereides
Venez r'animer les plaisirs.

Les Zephirs dansent.

QUATRIE'ME ENTRE'E.

APOLLON ET LES MUSES.

APOLLON.

OU trouver la Paix fugitive?
Muses qui la cherchez, ne me direz vous pas
En quels lieux écartez elle a tourné ses pas?
La Paix éxilée & craintive
Peut-estre pour jamais, hélas!
A quitté ces heureux climats.

J'ai parcouru les rives du Permesse
Pour vous chercher charmante Paix!
Ne vous reverra-t-on jamais?

Dans mes doctes vallons tout languit de triſteſſe:
O Paix, charmante Paix,
Ne vous reverra-t-on jamais?

Qu'un reſte de pitié pour nous vous intereſſe,
Répandez ſur nous vos biensfaits.
O Paix, charmante Paix,
Venez avec tous vos attraits.

UNE MUSE.

Plus de concerts, plus de feſtes,
Dans noſtre aimable vallon:
Hélas! à peine ſouffre-t-on
Quelques lauriers fannés ſe ſécher ſur nos teſtes:
Souvenés vous, Héros, qu'il faut un Apollon
Pour chanter à loiſir vos fameuſes Conqueſtes.

APOLLON, UNE MUSE.

O Paix, charmante Paix
Ne vous reverra-t-on jamais?

CHOEUR.

O Paix, charmante Paix
Venés avec tous vos attraits.

CINQUIE'ME ENTRE'E.

JANUS.

VOUS la verrés bien-toſt cette Paix ſouhaitée
J'ai veu des plus grands Dieux mes Autels reverés
J'appaiſe en leur faveur ma colere irritée:
Vous verrés dans mes fers la diſcorde arreſtée,
Mortels, & vous Dieux, eſperés.

TROISIE'M

TROISIE'ME PARTIE.

MARS & la Discorde ayant découvert le projet qu'on a formé contr'eux, font un dernier effort pour allumer par tout le feu de la Guerre.

PREMIERE ENTRE'E.

MARS seul.

LE crime est trop connu, ne croy pas qu'on l'ignore,
Tu fais, Janus, de vains efforts
Et bien-tost tu verras encore
Fumer ces lieux du sang de mille morts.

Tu vois à tes genoux l'Europe qui t'implore,
Ses vœux & ton pouvoir ne sont pas assez forts
Pour calmer les esprits d'un Peuple qui m'adore.
Je suis leur Dieu, Janus, & tu dois respecter
Un nom qui fait trembler la Terre:
Foible Divinité! prétens tu l'emporter,
Sur le Dieu Mars sur le Dieu de la Guerre?

SECONDE ENTRE'E.

Marche de Guerriers.

MARS, TROUPE DE GUERRIERS.

MARS.

FIDELES compagnons de mes travaux guerriers,
Enfans de Mars l'auriez vous bien pu croire

Qu'un Dieu jaloux de vostre gloire
Voulut de vostre front arracher les lauriers
Et de vos noms fameux obscurcir la memoire?
Choisissez illustres Heros,
Ou de voler à la victoire,
Ou de languir dans le repos.

DEUX GUERRIERS.

D'exploits toûjours nouveaux
Grossissons nostre histoire.

Ici les Guerriers dansent.

PREMIER GUERRIER.

Renonçons pour jamais aux plaisirs les plus doux.
Qu'un lâche repos nous donne.

SECOND GUERRIER.

Nous sommes nez pour Mars & pour Bellone,
Le repos n'est pas fait pour nous.

MARS.

Ie reconnois le sang qui vous fit naistre.
Vous parlez en Héros .... Guerriers éloignez vous.
Ie vois la Discorde paroistre.

TROISIE'ME ENTRE'E.

MARS ET LA DISCORDE.

LA DISCORDE.

ENFIN on me l'a fait connoistre
Le projet que Ianus a formé contre nous:

Il veut par un ſanglant outrage
Me charger encor de ſes fers:
Periſſe plutoſt l'Univers
Et que tout fume ici de ſang & de carnage!
Ne craignons rien, j'ai pour moi les Enfers.

MARS ET LA DISCORDE.

Sortez Monſtres, ſortez de vos Royaumes ſombres,
Et vous Filles des pâles ombres
Paroiſſez à ma voix:

Que le Cocyte fremiſſe
Que l'Averne obëiſſe
Que tout l'Enfer ſe ſoumette à mes loix.

Les Furies ſortent des Enfers.

QUATRIE'ME ENTRE'E.

LA DISCORDE, CHOEUR DE ~~TRITON~~S. Furies

LA DISCORDE.

ARMEZ, armez vous de rage
Portez par tout le ſang & le carnage.

CHOEUR DE FURIES.

Armons, armons nous de rage
Portons par tout le ſang & le carnage.

Danſe des Furies.

CINQUIE'ME ENTRE'E.

Janus paroît, la Discorde & Mars se retirent.

JANUS seul.

DANS ces heureux climats tout va changer de face,
Nous allons y goûter les douceurs de la Paix,
Et quelque fâcheux projets
Que la Discorde fasse,
Elle-même enchainée enfin céde la place
A mes favorables bienfaits.

Ce jour qui malgré Mars l'a remet dans mes chaînes
Est celui qui finit vos peines
Et qui va combler nos souhaits.

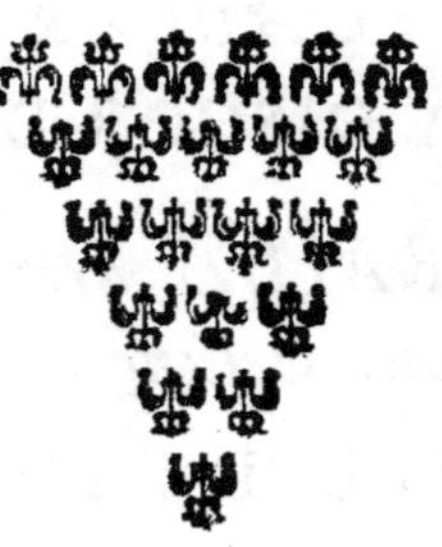

QUATRIE'ME PARTIE.

MARS & la Discorde paroissent enchaînez : Mars par l'Hymen & les Amours, la Discorde par les plaisirs. La Paix descend du Ciel à la priere de Janus, elle ferme le Temple de Janus, & r'amene avec elle l'Abondance & les Plaisirs.

QUATRIE'ME ENTRE'E.

Mars enchaînè par l'Hymen & les Amours.

MARS.

ENFIN il faut ceder, la resistance est vaine.
L'hymen & les Amours m'ont enchainé sans peine.
Pour les plus indomptables cœurs
L'hymen & les Amours ont des attraits vainqueurs.

Mars. } *Cedons* } *la resistance est vaine.*
les Amours. } *Cedez*

Pour les plus indomptables cœurs
L'hymen & les Amours ont des attraits vainqueurs.

Une Nymphe a paru sur les bords de la Seine,
L'hymen la conduisoit, & parfumoit de fleurs
Les rivages heureux où son destin l'ameine,
J'ai reconnu ma Souveraine,
A ses premiers regards j'ai calmé mes fureurs;
Qu'il est doux de porter sa chaîne!

F

Mars. } *Cedons* *la resistance est vaine,*
les Amours. } *Cedez*

Pour les plus indomptables cœurs
L'hymen & les Amours ont des attraits vainqueurs.

L'HYMEN.

Aussi-tost que l'Hymen rassemble
Tout ce qui peut favoriser nos vœux,
Et que par de si beaux nœuds
Deux cœurs s'unissent ensemble,
Peut-on manquer d'estre heureux?

UN AMOUR.

PREMIER COUPLET.

Mars contraint de se rendre
Enfin céde à nos traits:
Qui pourroit se défendre
De nos charmes secrets?
Mars contraint de se rendre
Enfin céde à nos traits.

SECOND COUPLET.

L'hymen qui nous r'appelle
Doit ramener la Paix:
Qu'une guerre nouvelle
Ne la trouble jamais!
L'hymen qui nous rappelle
Doit ramener la Paix.

Les Amours dansent sur l'Air suivant.

L'HYMEN ET LES AMOURS.

La Paix, la douceur, l'innocence
Suivent par tout l'Hymen joint aux Amours;
Un cœur soumis à leur obéïssance
Ne craint point de fâcheux retours.
La Paix, la douceur, l'innocence
Suivent par tout l'Hymen joint aux Amours.

On peut alors sans resistance
Voir couler doucement ses jours.
La Paix, la douceur, l'innocence
Suivent par tout l'Hymen joint aux Amours.

SECONDE ENTRE'E.

MARS, la Discorde enchaînée par les Plaisirs.

LA DISCORDE.

JE ne me connois plus, quel changement extréme!
O Ciel! suis-je encore moi-même?
J'avois forcé jusqu'aux Enfers:
Et d'une ruine prochaine
Je menaçois tout l'Univers:
Déesse encor plus inhumaine
Que les Dieux cruels que je sers,
Je portois en tous lieux les effets de ma haine;
Tout change en un instant, & reduite à la chaîne.
Les Plaisirs mes vainqueurs m'ont chargé de leurs fers:

Contente au milieu de ma peine,
Je ne vois rien qui trouble mes desirs,
Je cede au charme qui m'entraine,
Peut-on resister aux plaisirs?

MARS ET LA DISCORDE.

Cedons la resistance est vaine,
Peut-on resister aux Plaisirs?

PREMIER AIR.

Les Plaisirs dansent sur les deux Airs suivans.

Les plaisirs innocens
Sont les plus doux de la vie:
Jamais de retours cuisans
Leur douceur n'est suivie.
Les plaisirs innocens
Sont les plus doux de la vie.

SECOND AIR.

Pour les goûter plus longtemps
Il faut en regler l'usage,
Les dégouts sont le partage
Des plaisirs trop constans,
On se sent dans le vieil âge
Des plaisirs des jeunes ans.
Pour les goûter plus longtemps
Il faut en regler l'usage.

MARS.

Mais Janus paroît en ces lieux.
Je crains les noirs projets du plus prudent des Dieux.

TROISIE'ME

TROISIE'ME ENTRE'E.

IANVS, CHOEVR.

JANUS.

SOupirez, malheureux, dans un triste esclavage
Par la main des Amours lâchement désarmez:
Au pié de mes Autels dans ce Temple enfermez
Allez dans mes liens vous consumer de rage.

Et toy, divine Paix, ame de l'Univers,
Descends, descends du Ciel qui t'a servi d'azile,
Reviens dans ce séjour tranquile,
La Discorde & Mars sont aux fers.

CHOEUR.

O Toy, divine Paix, ame de l'Univers
Descends, descends du Ciel qui t'a servi d'azile,
Reviens dans ce sejour tranquile ,
La Discorde & Mars sont aux fers.

Air pour la descente de la Paix.

QUATRIE'ME ENTRE'E.

IANVS ET LA PAIX.

LA PAIX.

MORTELS, je parois à vos yeux.
La Terre entre mes mains a mis sa destinée,
Et c'est pour son repos que j'ai quitté les Cieux.

Mars est vaincu, la Discorde étonnée
Gemit de se voir enchaînée:
De biens toûjours nouveaux je viens combler ces lieux.

LA PAIX ET JANUS.

Renfermons sous cent clefs la Discorde & la Guerre.
Que Mars de regrets consumé
Et captif pour jamais dans mon Temple fermé
Ne se montre plus à la Terre.

JANUS.

Pour moy content de mon sort glorieux
Je retourne au séjour des Dieux.

CINQUIE'ME ENTRE'E.

LA PAIX ET SA SVITTE.

LA PAIX.

JOUISSEZ *des plaisirs que le Ciel vous renvoye,*
Profitez des douceurs que fait gouter la Paix.

CHOEUR.

Joüissons des plaisirs que le Ciel nous renvoye,
Profitons des douceurs que fait gouter la Paix.

LA PAIX.

Faisons sans cesse éclater nostre joye,
Les favorables Dieux ont comblé nos souhaits.

la Paix. } *Joüiſſez* / Chœur. } *Joüiſſons* *des plaiſirs que le Ciel* *vous* / *nous* *renvoye,*

la Paix. } *Profitez* / Chœur. } *Profitons* *des douceurs que fait gouter la paix.*

UN AMOUR.

Apres bien des allarmes
Les plaiſirs ſont plus doux:
La Paix a plus de charmes
Quand de Bellone on a ſenti les coups:
Apres bien des allarmes
Les plaiſirs ſont plus doux.

UN PLAISIR.

Les plaiſirs que la Paix donne
Sont de veritables plaiſirs:
En eloignant Mars & Bellone,
Elle éloigne les ſoupirs.
Les plaiſirs que la Paix donne
Sont de veritables plaiſirs.

CHOEUR.

Joüiſſons des plaiſirs que le Ciel nous renvoye,
Profitons des douceurs que fait gouter la Paix,

LA PAIX.

Faiſons ſans ceſſe éclater noſtre joye,
Les favorables Dieux ont comblé nos ſouhaits.

la Paix. } *Ioüiſſez* / Chœur. } *Ioüiſſons* *des plaiſirs que le Ciel* *vous* / *nous* *renvoye,*

la Paix } *Profitez* / Chœur } *Profitons* *des douceurs que fait gouter la paix.*

LA PAIX.

Ne ſongez plus aux malheurs de la Guerre
La Diſcorde & Mars ſont vaincus :
La Paix & les plaiſirs qui regnent ſur la Terre,
Doivent faire oublier des maux qui ne ſont plus.

CHOEUR.

Ioüiſſons des plaiſirs que le Ciel nous renvoye,
Profitons des douceurs que fait gouter la paix.

LA PAIX.

Faiſons ſans ceſſe éclater noſtre joye,
Les favorables Dieux ont comblé nos ſouhaits.

la Paix.	*Jouiſſez*	*des plaiſirs que le Ciel* *vous*	*renvoye*
Chœur.	*Jouiſſons*	*nous*	
la Paix.	*Profitez*	*des douceurs que fait gouter la paix.*	
Chœur.	*Profitons*		

La Muſique eſt de la Compoſition de Monſieur de la Chappelle.

BALLET GENERAL.

LA PAIX ET SA SVITTE.

CHANTERONT ET DANSERONT.

HYACINTHE DE BAZILAIS,	*de Nantes Pensionnaire.*
ROLLAND JOUIS,	*de la Fleche.*
ANTOINE DES GLANDES,	*du Cotentin, Pensionnaire.*
CHARLES LOCQUET DE GRANDVILLE,	*de S. Malo, Pensionnaire.*
CLAUDE HUBERT DE BELINGANT,	*de Brest, Pensionnaire.*
JEAN BAPTISTE BLANCHARD.	*de Caën, Pensionnaire.*
NICOLAS BIGODET,	*de Paris, Pensionnaire.*
NICOLAS BLANCHARD,	*de Caën, Pensionnaire.*
ROLLAND D'ANQUETIL DE RUVAL,	*de Baugé.*
CLAUDE DE BASTE,	*de Chartres, Pensionnaire.*
CLAUDE GRIMOUVILLE,	*du Cotentin, Pensionnaire.*
JEAN DE NYAU,	*de la Fleche.*
LOUIS MARECHAL DE LUCE',	*de la Fleche.*

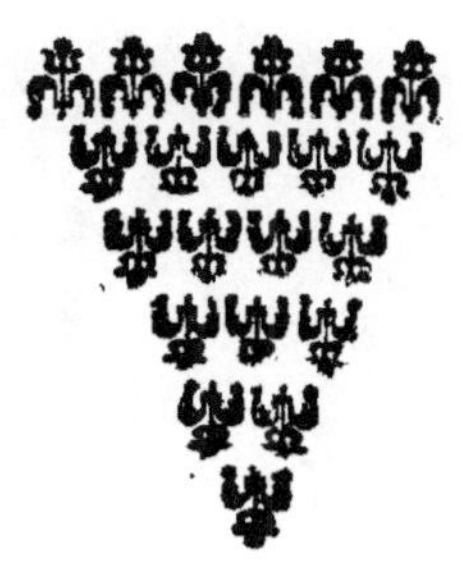

www.ingramcontent.com/pod-product-compliance
Lightning Source LLC
LaVergne TN
LVHW052020160826
845678LV00003B/1126

* 9 7 8 2 3 2 9 6 3 8 3 3 1 *